Impressum
Verlag: BABADADA GmbH, Nedderfeld 112 , 22529 Hamburg
Geschäftsführer / Verlagsleitung: Harald Hof
Druck: Books on Demand GmbH, In de Tarpen 42, 22848 Norderstedt

Imprint
Publisher: BABADADA GmbH, Nedderfeld 112 , 22529 Hamburg, Germany
Managing Director / Publishing direction: Harald Hof
Print: Books on Demand GmbH, In de Tarpen 42, 22848 Norderstedt, Germany

iskola
la escuela

osztályterem
el aula

oszt
dividir

186/2

asztal
la pizarra

iskolaudvar
el patio

tanár
el maestro/a

papír
el papel

írni
escribir

toll
el bolígrafo

íróasztal
el escritoria

vonalzó
la regla

könyv
el libro

tanuló
el alumno/a

iskolatáska
la cartera

tolltartó
la caja de lápices

ceruza
el lápiz

ceruzahegyező
el sacapuntas

radír
la goma de borrar

rajzfüzet
el cuaderno de dibujo

rajz

el dibujo

ecset

el pincel

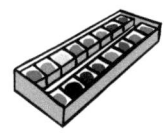

festőkészlet

la caja de pinturas

olló

las tijeras

ragasztó

el pegamento

munkafüzet

el cuaderno de ejercicios

házi feladat

los deberes

szám

el número

összead

sumar

kivon

restar

szoroz

multiplicar

számol

calcular

betű

la letra

ABC

el alfabeto

szó

la palabra

szöveg

el texto

olvasni

leer

kréta

la tiza

tanóra

la lección

napló

el cuaderno de notas

vizsga

el examen

bizonyítvány

el certificado

iskolai egyenruha

el uniforme

oktatás

la educación

enciklopédia

la enciclopedia

egyetem

la universidad

mikroszkóp

el microscopio

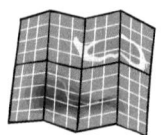

térkép

el mapa

papír-hulladék gyüjtő

la papelera

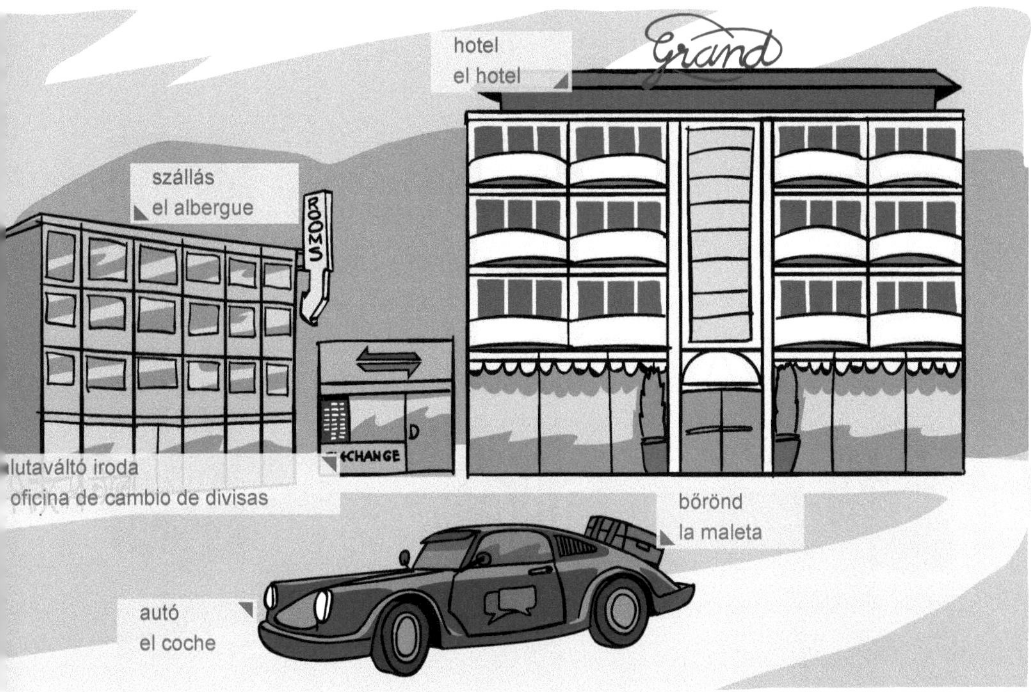

hotel
el hotel
Grand
szállás
el albergue
ROOMS
lutaváltó iroda
oficina de cambio de divisas
bőrönd
la maleta
autó
el coche

nyelv

el idioma

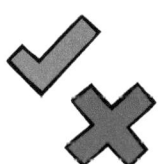

igen/nem

sí / no

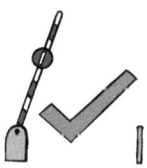

rendben

Vale

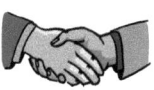

szia

hola

fordító

el traductor

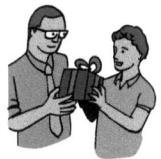

köszönöm

Gracias

mennyibe kerül…?

¿cuánto es…?

nem értem

No entiendo

probléma

el problema

Jó estét!

¡Buenas tardes!

jó reggelt!

¡Buenos días!

jó éjszakát!

¡Buenas noches!

viszontlátásra

adiós

útirány

la dirección

poggyász

el equipaje

táska

la bolsa

hátizsák

la mochila

vendég

el invitado

szoba

la habitación

hálózsák

el saco de dormir

sátor

la tienda de campaña

turista információ
la información turística

strand
la playa

hitelkártya
la tarjeta de crédito

reggeli
el desayuno

ebéd
el almuerzo

vacsora
la cena

jegy
el billete

lift
el ascensor

bélyeg
el sello

határ
la frontera

vám
la aduana

nagykövetség
la embajada

vízum
la visa

útlevél
el pasaporte

közlekedés
el transporte

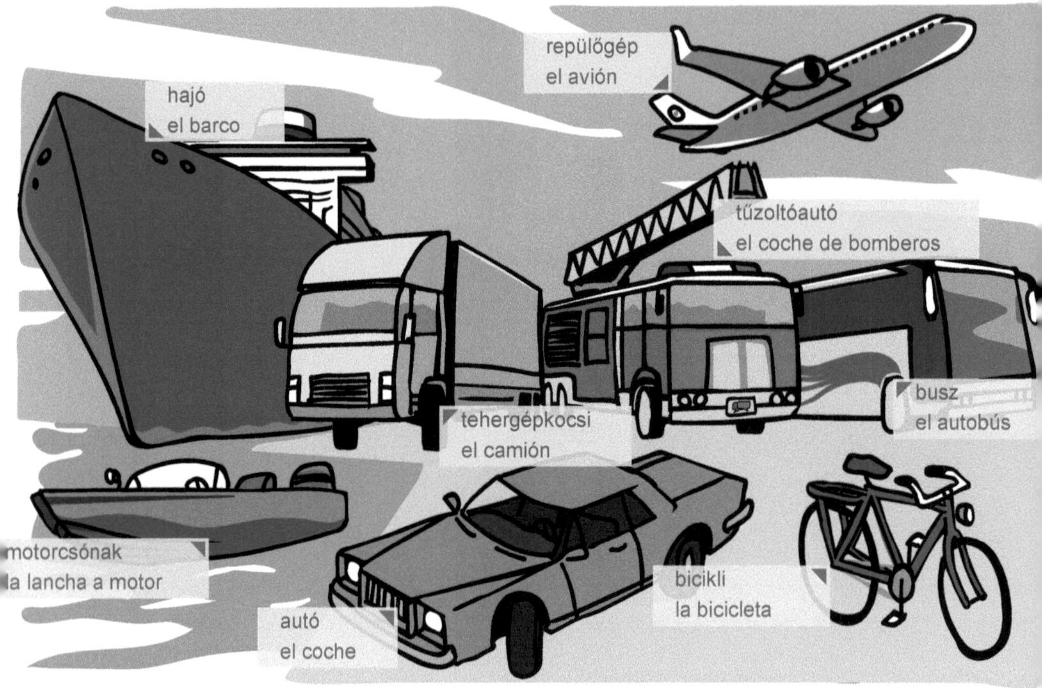

repülőgép
el avión
hajó
el barco
tűzoltóautó
el coche de bomberos
busz
el autobús
tehergépkocsi
el camión
motorcsónak
la lancha a motor
bicikli
la bicicleta
autó
el coche

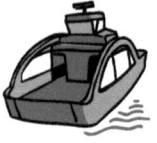

komp

el transbordador

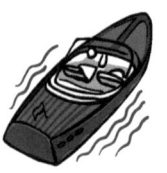

csónak

la barca

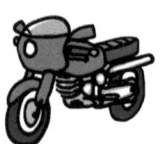

motorkerékpár

la moto

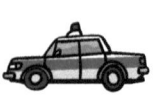

rendőrautó

el coche de policía

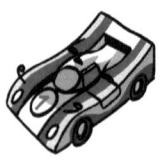

versenyautó

el coche de carreras

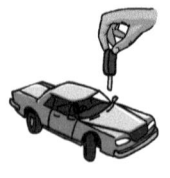

bérautó

el coche de alquiler

telekocsi

el préstamo de vehículos

vontató

la grúa

szemetes autó

el camión de la basura

motor

el motor

üzemanyag

la gasolina

benzinkút

la gasolinera

közlekedési tábla

la señal de tráfico

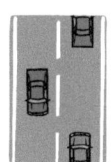

forgalom

el tráfico

forgalmi dugó

el atasco

parkoló

el aparcamiento

vonatállomás

la estación de tren

sínek

las vías

vonat

el tren

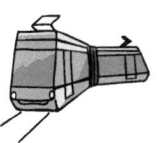

villamos

el tranvía

vagon

el vagón

helikopter
el helicóptero

repülőtér
el aeropuerto

torony
la torre

utas
el pasajero

konténer
el contenedor

kartondoboz
la caja de cartón

taliga
la carretilla

kosár
la cesta

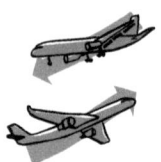

felszáll / leszáll
despegar / aterrizar

város

la ciudad

falu
el pueblo

városközpont
el centro de la ciudad

ház
la casa

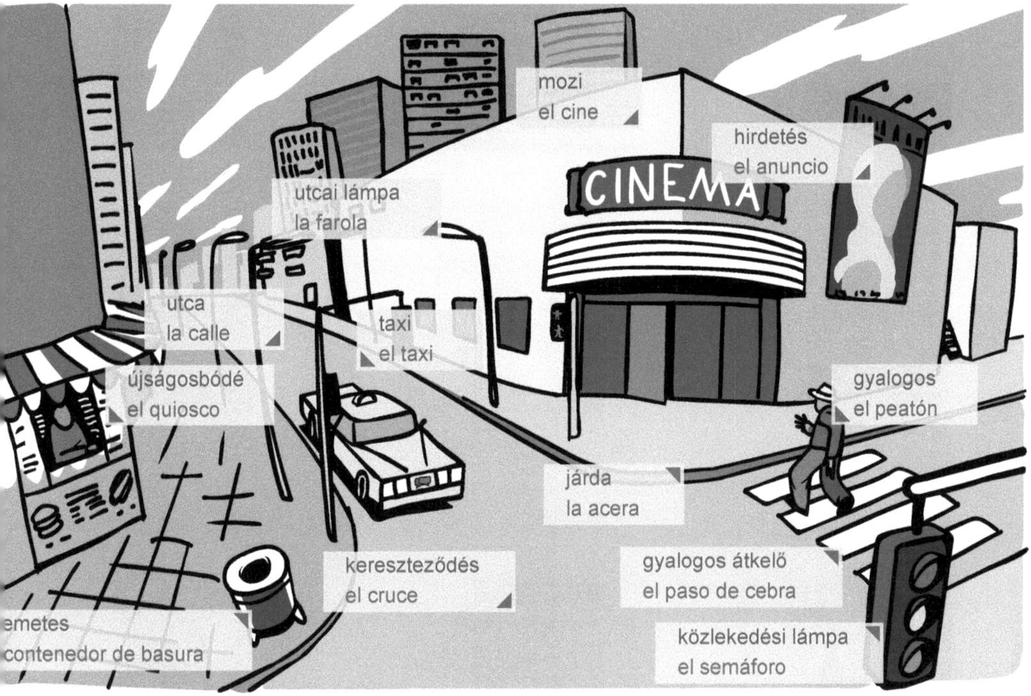
mozi
el cine
hirdetés
el anuncio
CINEMA
utcai lámpa
la farola
utca
la calle
taxi
el taxi
újságosbódé
el quiosco
gyalogos
el peatón
járda
la acera
kereszteződés
el cruce
gyalogos átkelő
el paso de cebra
emetes
contenedor de basura
közlekedési lámpa
el semáforo

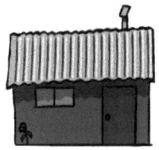

kunyhó

la cabaña

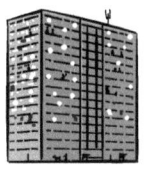

lakás

el apartamento

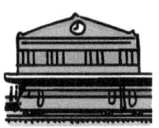

vonatállomás

la estación de tren

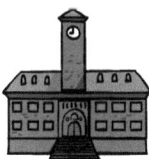

városháza

el ayuntamiento

MUSEUM

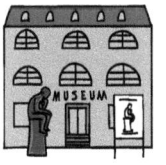

múzeum

el museo

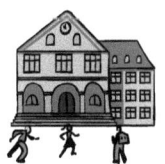

iskola

la escuela

egyetem
la universidad

bank
el banco

kórház
el hospital

hotel
el hotel

gyógyszertár
la farmacia

iroda
la oficina

könyvesbolt
la librería

üzlet
la tienda de campaña

virágüzlet
la floristería

szupermarket
el supermercado

piac
el mercado

áruház
los grandes almacenes

halárus
la pescadería

bevásárló központ
el centro comercial

kikötő
el puerto

park
el parque

pad
el banco

híd
el puente

lépcső
las escaleras

metró
el metro

alagút
el túnel

buszmegálló
la parada de autobús

bár
el bar

étterem
el restaurante

postaláda
el buzón

utcatábla
el poste indicador

parkoló óra
el parquímetro

állatkert
el zoo

uszoda
la piscina

mecset
la mezquita

gazdálkodás
la granja

környezetszennyezés
la contaminación

temető
el cementerio

templom
la iglesia

játszótér
el patio de juego

szentély
el templo

táj
el paisaje

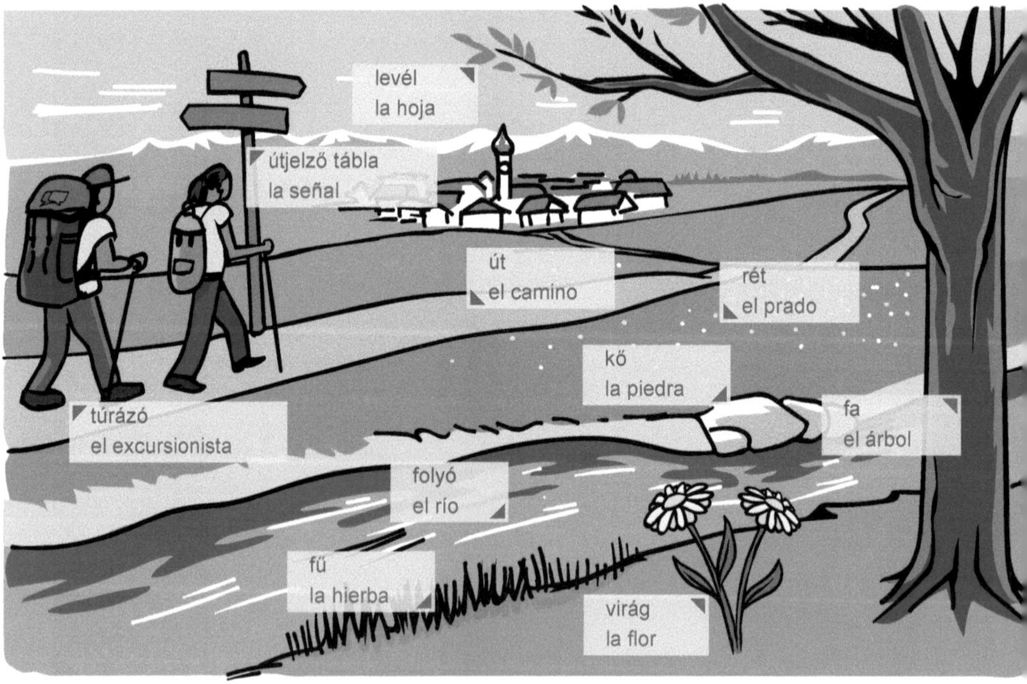

levél
la hoja

útjelző tábla
la señal

út
el camino

rét
el prado

kő
la piedra

fa
el árbol

túrázó
el excursionista

folyó
el río

fű
la hierba

virág
la flor

völgy
el valle

domb
la colina

tó
el lago

erdő
el bosque

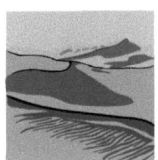

sivatag
el desierto

vulkán
el volcán

kastély
el castillo

szivárvány
el arcoíris

gomba
el champiñón

pálmafa
la palmera

szúnyog
el mosquito

légy
la mosca

hangya
la hormiga

méhecske
la abeja

pók
la araña

bogár

el escarabajo

béka

la rana

mókus

la ardilla

sündisznó

el erizo

nyúl

la liebre

bagoly

la lechuza

madár

el pájaro

hattyú

el cisne

vaddisznó

el jabalí

szarvas

el ciervo

rénszarvas

el alce

gát

la presa

szélturbina

la turbina eólica

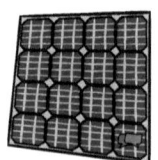

napelem

el panel solar

éghajlat

el clima

étterem

el restaurante

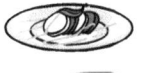

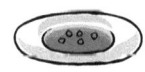

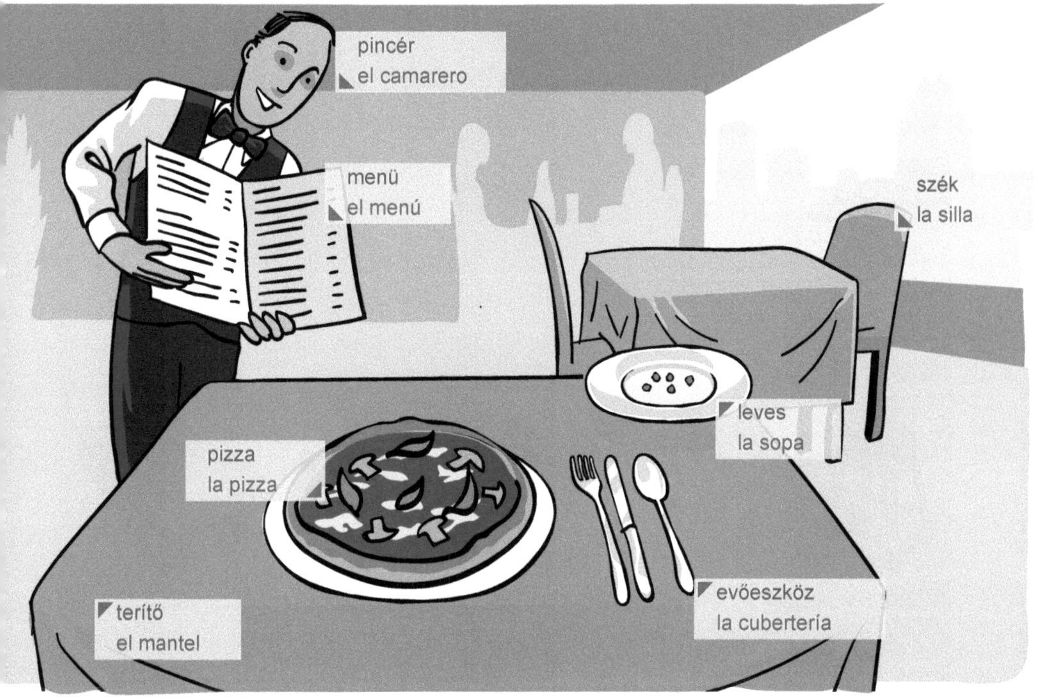
pincér
el camarero
menü
el menú
szék
la silla
leves
la sopa
pizza
la pizza
evőeszköz
la cubertería
terítő
el mantel

előétel

el primer plato

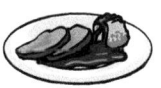

főétel

el plato principal

desszert

el postre

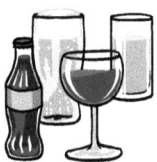

italok

las bebidas

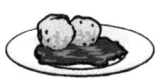

étel

la comida

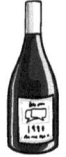

üveg

la botella

gyorsétel

la comida rápida

gyorsétel

la comida callejera

teás kanna

la tetera

cukortartó

el azucarero

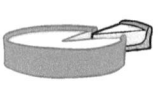

adag

la porción

eszpresszógép

la cafetera expreso

bárszék

la trona

számla

la cuenta

tálca

la bandeja

kés

el cuchillo

villa

el tenedor

kanál

la cuchara

teáskanál

la cucharilla

szalvéta

la servilleta

pohár

el vaso

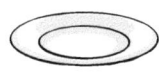

tányér

el plato

leveses tányér

el plato hondo

csészealj

el platillo

szósz

la salsa

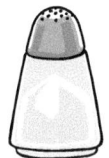

sószóró

el salero

borsőrlő

el molinillo de pimienta

ecet

el vinagre

étkezési olaj

el aceite

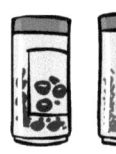

fűszerek

las especias

ketchup

el ketchup

mustár

la mostaza

majonéz

la mayonesa

szupermarket
el supermercado

különleges ajánlat
la oferta especial
ügyfél
el cliente
tejtermék
los lácteos
gyümölcsök
la fruta
bevásárló kocsi
el carro de compra
FOR

BUTCHERS

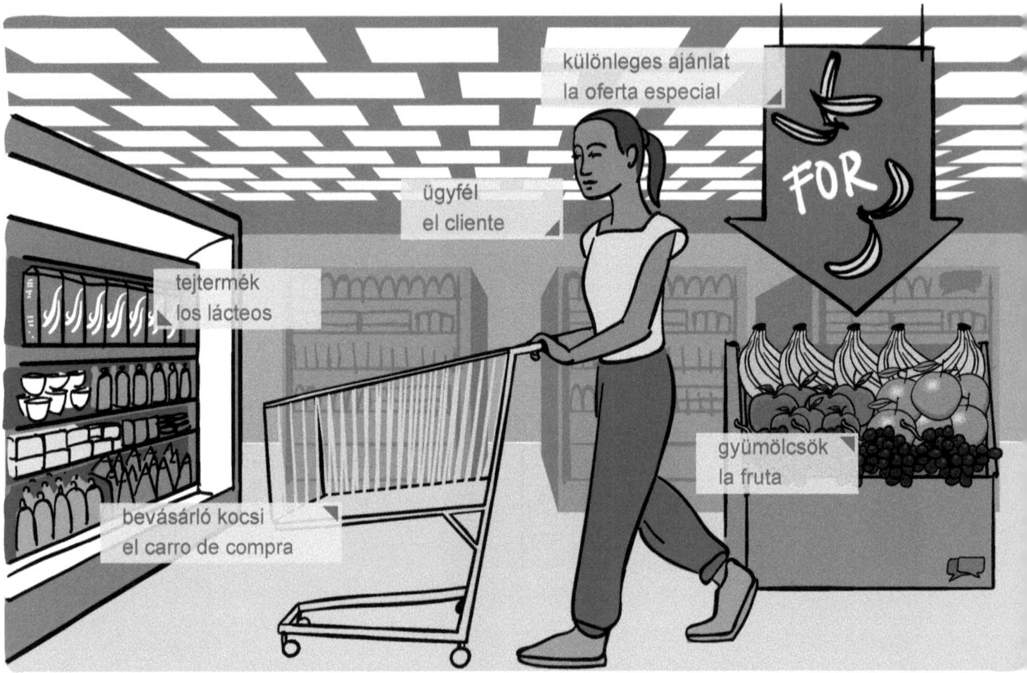

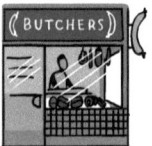

hentes

la carniceria

BAKERY

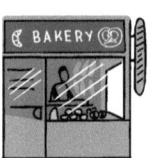

pékség

la panadería

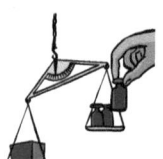

nyom valamennyit

pesar

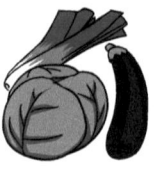

zöldség

las verduras

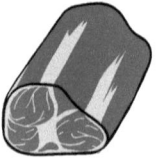

hús

la carne

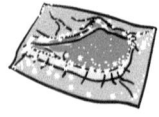

fagyasztott áru

los alimentos congelados

felvágott

los fiambres

konzerv

las conservas

mosópor

el detergente en polvo

édességek

los dulces

háztartási termék

productos de uso doméstico

tisztítószerek

productos de limpieza

eladó

la vendedora

pénztárgép

la caja de cartón

eladó

el cajero

bevásárló lista

la lista de la compra

nyitva tartás

el horario de atención al público

levéltárca

la cartera

hitelkártya

la tarjeta de crédito

zacskó

la bolsa de plástico

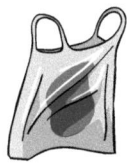

műanyag zacskó

la bolsa de plástico

víz
el agua

gyümölcslé
el zumo

tej
la leche

kóla
la cola

bor
el vino

sör
la cerveza

alkohol
el alcohol

kakaó
el cacao

tea
el té

kávé
el café

eszpresszó
el expreso

kapucsínó
el capuchino

banán

el plátano

alma

la manzana

narancs

la naranja

sárgadinnye

el melón

citrom

el limón

sárgarépa

la zanahoria

fokhagyma

el ajo

bambusz

el bambú

hagyma

la cebolla

gomba

el champiñón

magvak

las avellanas

nokedli

los fideos

spagetti

las espagueti

rizs

el arroz

saláta

la ensalada

sült krumpli

las patatas fritas

sült burgonya

las patatas fritas

pizza

la pizza

hamburger

la hamburguesa

szendvics

el sándwich

hússzelet

el filete

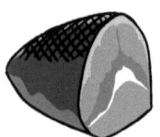

sonka

el jamón

szalámi

le salami

kolbász

la salchicha

csirke

el pollo

pecsenye

el asado

hal

el pescado

zabkása

los copos de avena

müzli

el muesli

kukoricapehely

los copos de maíz

liszt

la harina

croissant

el cruasán

zsemle

el panecillo

kenyér

el pan

pirítós kenyér

la tostada

keksz

las galletas

vaj

la mantequilla

túró

la cuajada

sütemény

el pastel

tojás

el huevo

tükörtojás

el huevo frito

sajt

el queso

jégkrém

el helado

cukor

el azúcar

méz

la miel

lekvár

la mermelada

mogyorókrém

la crema de turrón

curry

el curry

étel - la comida

gazdálkodás
la granja

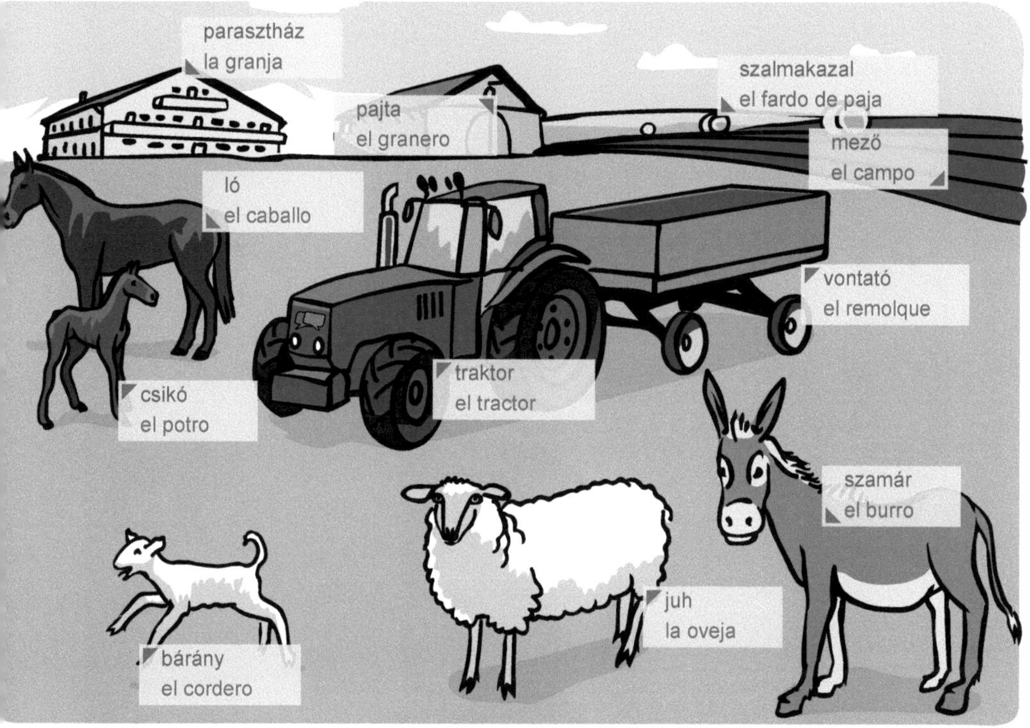
parasztház
la granja
pajta
el granero
szalmakazal
el fardo de paja
mező
el campo
ló
el caballo
vontató
el remolque
traktor
el tractor
csikó
el potro
szamár
el burro
juh
la oveja
bárány
el cordero

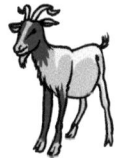

kecske

la cabra

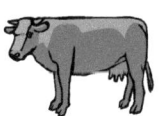

tehén

la vaca

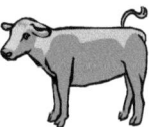

borjú

el ternero

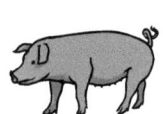

malac

el cerdo

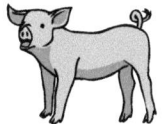

kismalac

el cerdito

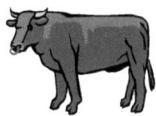

bika

el toro

liba

el ganso

kacsa

el pato

csibe

el pollo

tojó

la gallina

kakas

el gallo

patkány

la rata

macska

el gato

egér

el ratón

ökör

el buey

kutya

el perro

kutyaház

la perrera

kerti öntözőcső

la manguera

öntözőkanna

la regadera

kasza

la guadaña

eke

el arado

sarló
la hoz

kapa
la azada

vasvilla
la horca

fejsze
el hacha

talicska
la carretilla

teknő
el abrevadero

tejes kancsó
la lechera

zsák
el saco

kerítés
la valla

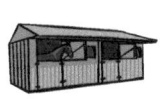

istálló
el establo

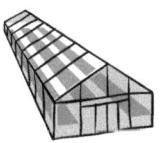

üvegház
el invernadero

talaj
el suelo

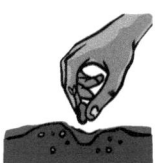

vetőmag
la semilla

trágya
el fertilizador

cséplőgép
la cosechadora

szüretelni

cosechar

betakarítás

la cosecha

yamgyökér

el ñame

búza

el trigo

szója

el soja

burgonya

la patata

kukorica

el maíz

repcemag

la semilla de colza

gyümölcsfa

el árbol frutal

manióka

la mandioca

gabona

las cereales

ház

la casa

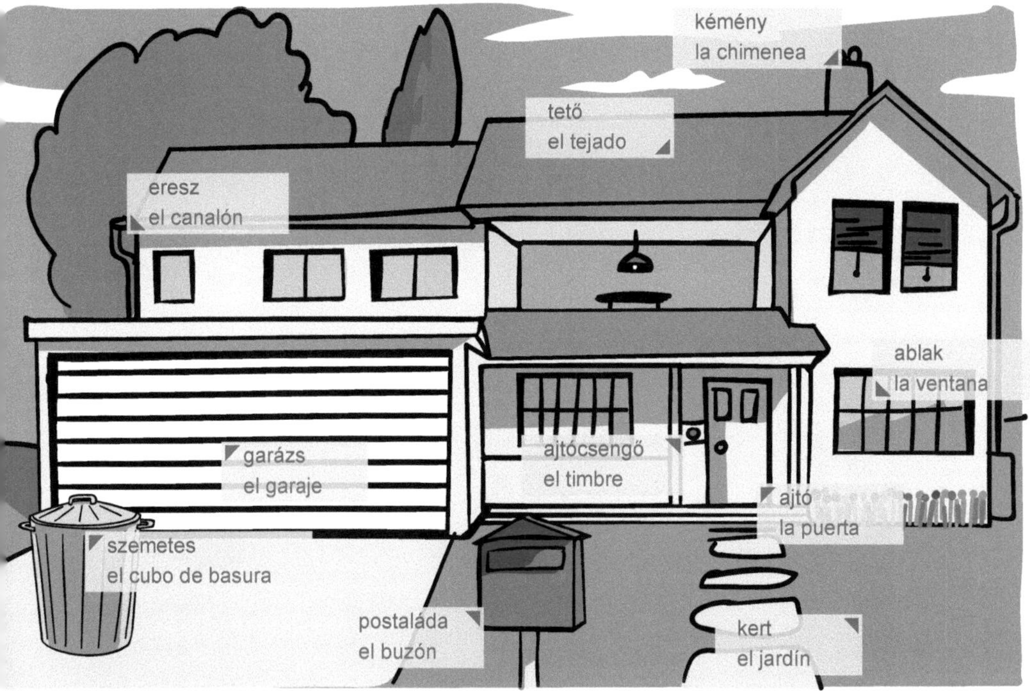

kémény
la chimenea
tető
el tejado
eresz
el canalón
ablak
la ventana
garázs
el garaje
ajtócsengő
el timbre
ajtó
la puerta
szemetes
el cubo de basura
postaláda
el buzón
kert
el jardín

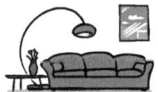

nappali

la sala

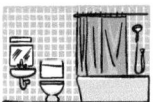

fürdőszoba

el cuarto de baño

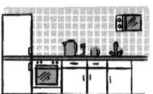

konyha

la cocina

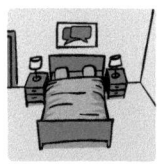

hálószoba

el dormitorio

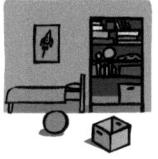

gyerekszoba

la habitación de los niños

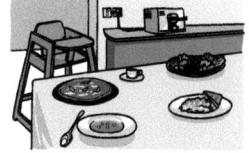

ebédlő

el comedor

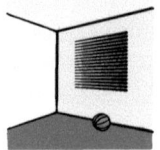

padló

el suelo

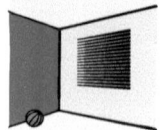

fal

la pared

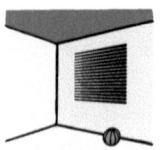

plafon

el techo

pince

el sótano

szauna

la sauna

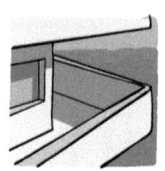

erkély

el balcón

terasz

la terraza

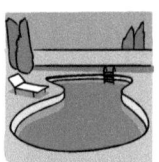

medence

la piscina

fűnyíró

el cortacésped

lepedő

la sábana

ágytakaró

la colcha

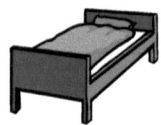

ágy

la cama

seprű

la escoba

vödör

el balde

kapcsoló

el interruptor

nappali
la sala

tapéta
el papel pintado
kép
la imagen
lámpa
la lámpara
polc
el estante
szekrény
el armario
televízió
la televisión
kandalló
la chimenea
virág
la flor
párna
el cojín
kanapé
el sofá
váza
el jarrón
távirányító
el mando a distancia

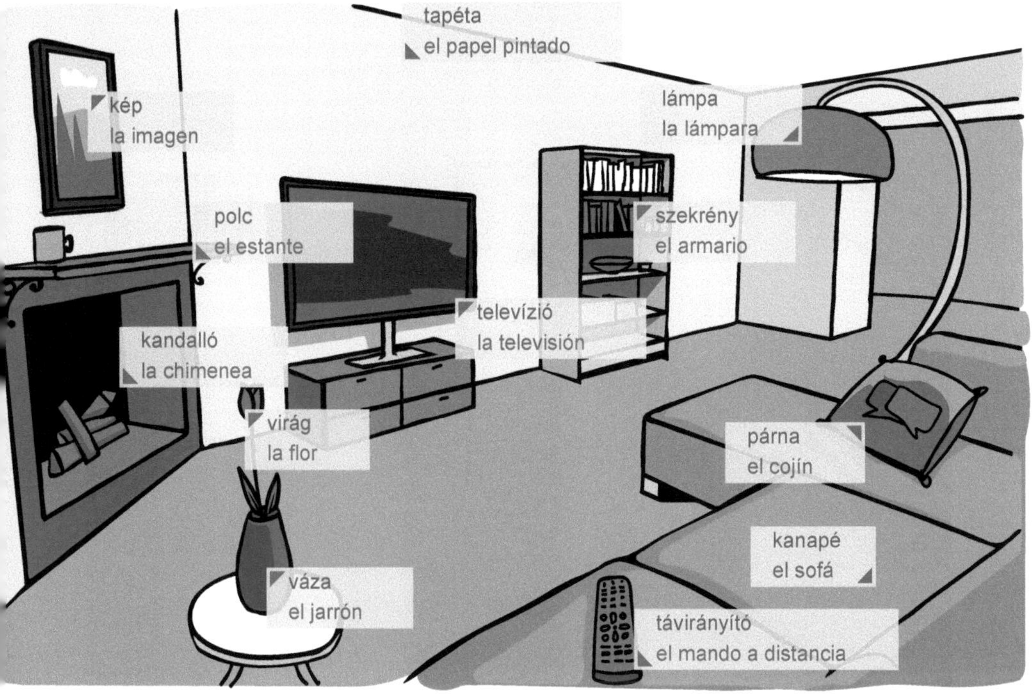

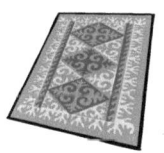

szőnyeg
la alfombra

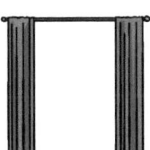

függöny
la cortina

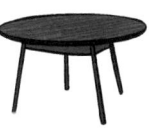

asztal
la mesa

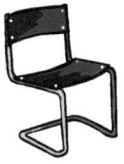

szék
la silla

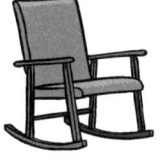

hintaszék
el mecedora

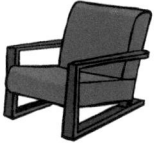

karosszék
la butaca

könyv
el libro

takaró
la manta

dekoráció
la decoración

tűzifa
la leña

film
la película

hifi
el equipo de música

kulcs
la llave

újság
el periódico

festmény
la pintura

poszter
el póster

rádió
la radio

jegyzetfüzet
el cuaderno

porszívó
la aspiradora

kaktusz
el cactus

gyertya
la vela

konyha
la cocina

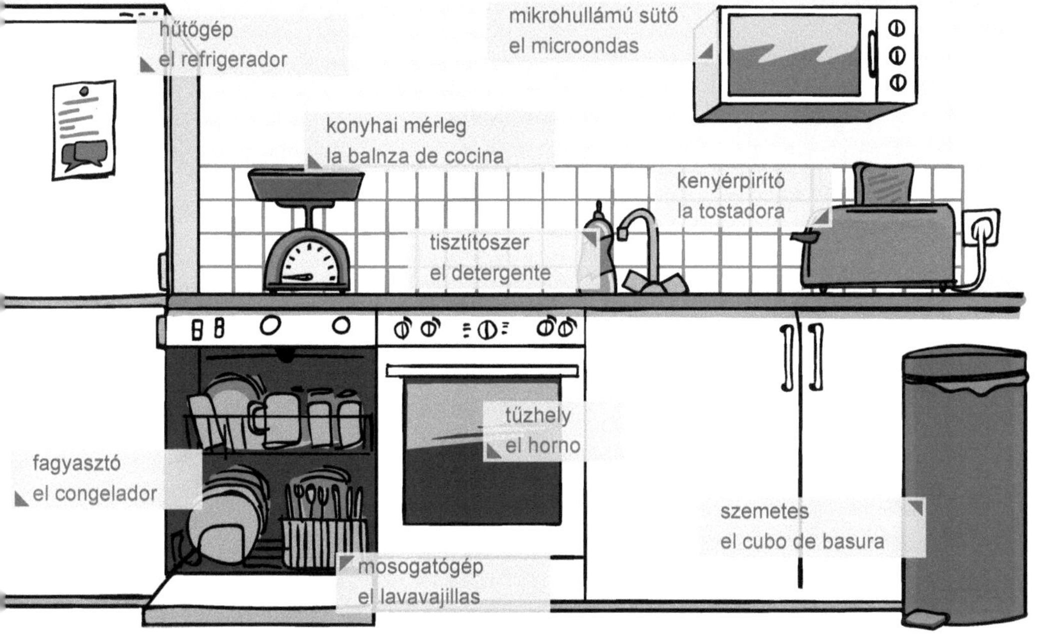
hűtőgép
el refrigerador
mikrohullámú sütő
el microondas
konyhai mérleg
la balnza de cocina
kenyérpirító
la tostadora
tisztítószer
el detergente
tűzhely
el horno
fagyasztó
el congelador
szemetes
el cubo de basura
mosogatógép
el lavavajillas

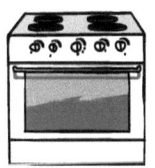

tűzhely
....
la olla a presión

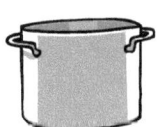

edény
....
la olla

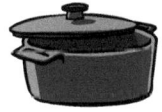

vasfazék
....
la olla de hierro fundido

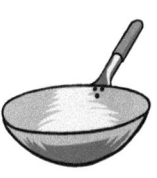

wok / kadai
....
el wok

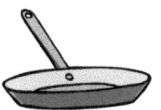

serpenyő
....
la cazuela

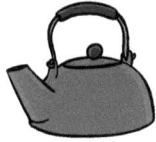

vízforraló
....
el hervidor

pároló
la vaporera

tepsi
la chapa de horno

étkészlet
la vajilla

bögre
la taza

tálka
el tazón

evőpálcika
los palillos

merőkanál
el cucharón

keverőlapátka
la espumadera

habverő
el batidor

szűrő
el colador

szita
el cedazo

reszelő
el rallador

mozsár
el mortero

grillsütő
la barbacoa

kandalló
la hoguera

vágódeszka

la tabla de picar

sodrófa

el rodillo

dugóhúzó

el sacacorchos

doboz

la lata

konzervnyitó

el abrelatas

edényfogó

el agarrador

mosogató

el lavabo

kefe

el cepillo

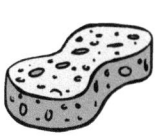

szivacs

la esponja

turmixgép

la batidora

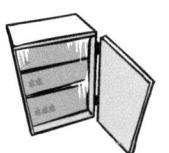

mélyhűtő

el congelador

cumisüveg

el biberón

csap

el grifo

fürdőszoba

el cuarto de baño

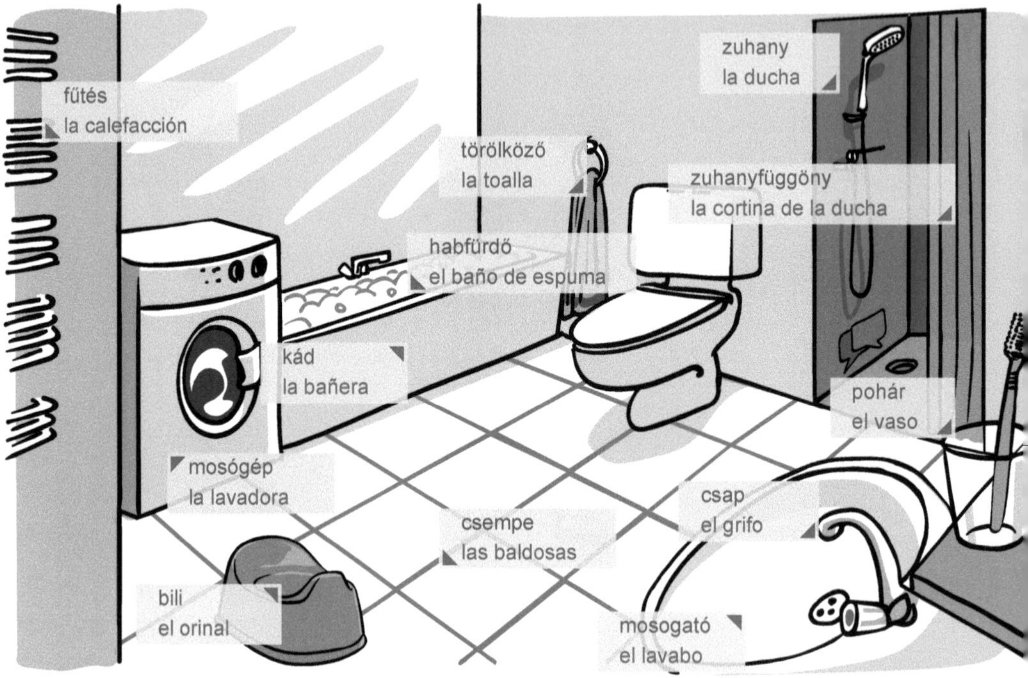

fűtés
la calefacción
törölköző
la toalla
zuhany
la ducha
zuhanyfüggöny
la cortina de la ducha
habfürdő
el baño de espuma
kád
la bañera
mosógép
la lavadora
pohár
el vaso
csap
el grifo
csempe
las baldosas
bili
el orinal
mosogató
el lavabo

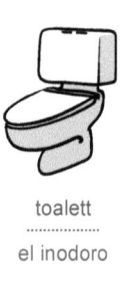

toalett
el inodoro

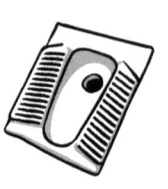

guggolós toalett
el inodoro rústico

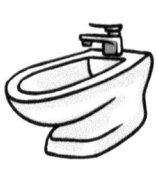

bidé
el bidé

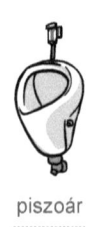

piszoár
el urinario

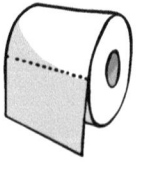

toalett papír
el papel higiénico

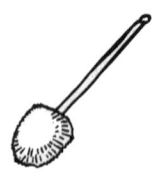

wc kefe
la escobilla del váter

fogkefe

el cepillo de dientes

fogkrém

la pasta de dientes

fogselyem

el hilo dental

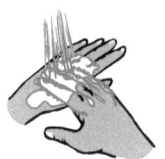

mosni

lavar

kézi zuhany

la ducha de mano

intimzuhany

la ducha íntima

mosdótál

la pila

hátmosó kefe

el cepillo de espalda

szappan

el jabón

tusfürdő

el gel de ducha

sampon

el champú

mosdókesztyü

la toallita

lefolyó

el desagüe

krém

la crema

dezodor

el desodorante

tükör
....
el espejo

kézitükör
....
el espejo de tocador

borotva
....
la maquinilla de afeitar

borotvahab
....
la espuma de afeitar

borotválkozás utáni
arcszesz
la loción postafeitado

fésű
....
el peine

hajkefe
....
el cepillo

hajszárító
....
el secador

hajlakk
....
la laca

smink
....
el maquillaje

ajakrúzs
....
el pintalabios

körömlakk
....
el pintauñas

vatta
....
el algodón

körömvágó olló
....
el cortauñas

parfüm
....
el perfume

neszeszer

el estuche de viaje

sámli

la banqueta

mérleg

la balanza

köntös

el albornoz

gumikesztyü

los guantes de goma

tampon

el tampón

egészségügyi betét

la compresa

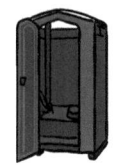

vegyi WC

el inodoro químico

gyerekszoba
la habitación de los niños

ébresztő óra
el despertador
plüssállat
el peluche
játékautó
el coche de juguete
csörgő
el sonajero
babaház
la casa de muñecas
ajándék
el regalo

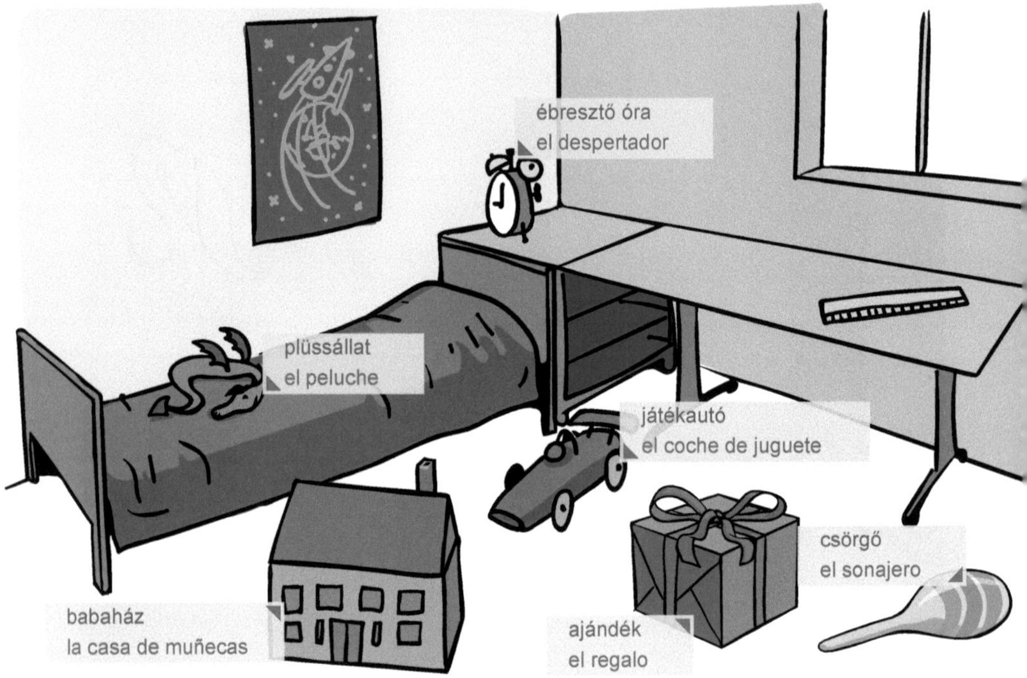

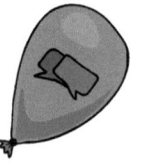

lufi
el globo

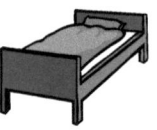

ágy
la cama

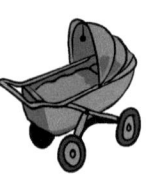

babakocsi
el coche de niño

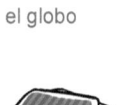

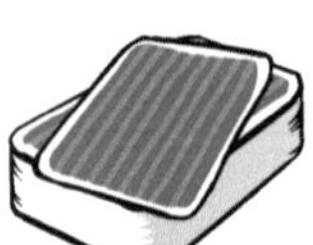

kártyapakli
los naipes

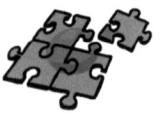

kirakós játék
el puzle

képregény
el tebeo

építőkockák

las piezas de lego

építőelem

los bloques de juguete

szuperhős

la figura de acción

rugdalózó

el bodi (de bebé)

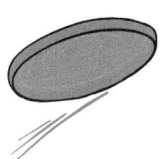

frizbi

el frisbee

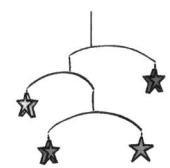

zenélő forgó

el colgador móvil para bebés

társasjáték

el juego de mesa

kocka

los dados

modellvasút

el circuito de tren eléctrico

cumi

el maniquí

zsúr

la fiesta

képeskönyv

el álbum de fotos

labda

la pelota

baba

la muñeca

játszani

jugar

homokozó

el cajón de arena

hinta

el columpio

játékok

los juguetes

videójáték konzol

la videoconsola

tricikli

el triciclo

teddi maci

el oso de peluche

ruhásszekrény

la guardarropa

ruházat

la ropa

zokni

los calcetines

harisnya

las medias

harisnyanadrág

los leotardos

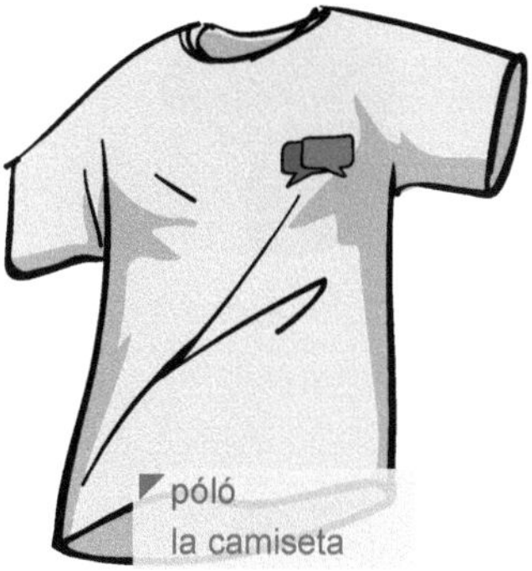

sál
la bufanda

esernyő
el paraguas

póló
la camiseta

öv
el cinturón

csizma
las botas

papucs
las zapatillas

tornacipő
las deportivas

szandál

las sandalias

cipő

los zapatos

gumicsizma

las botas de goma

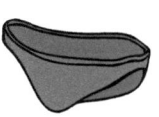

alsónadrág

el slip

melltartó

el sostén

mellény

el chaleco

body
el bodi

nadrág
los pantalones cortos

farmer
los vaqueros

szoknya
la falda

blúz
la blusa

ing
la camisa

pulóver
el jersey

kapucnis pulóver
el suéter

blézer
el blazer

dzseki
la chaqueta

kabát
el abrigo

esőkabát
la gabardina

kosztüm
el traje

ruha
el vestido

esküvői ruha
el vestido de novia

öltöny

el traje

hálóing

el camisón

pizsama

el pijama

szári

el sati

fejkendő

el bandana

turbán

el turbante

burka

la burka

kaftán

el caftán

abaya

la abaya

fürdőruha

el traje de baño

fürdőnadrág

el bañador

rövidnadrág

los pantalones cortos

tréningruha

el chándal

kötény

el delantal

kesztyű

los guantes

gomb

el botón

szemüveg

las gafas

karkötő

el brazalete

nyaklánc

el collar

gyűrű

el anillo

fülbevaló

el pendiente

sapka

la gorra

vállfa

la percha

kalap

el sombrero

nyakkendö

la corbata

cipzár

la cremallera

bukósisak

el casco

nadrágtartó

los tirantes

iskolai egyenruha

el uniforme

egyenruha

el uniforme

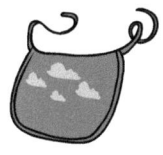

előke

el babero

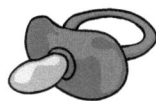

cumi

el maniquí

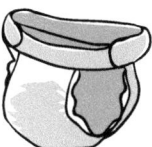

pelenka

el pañal

iroda

la oficina

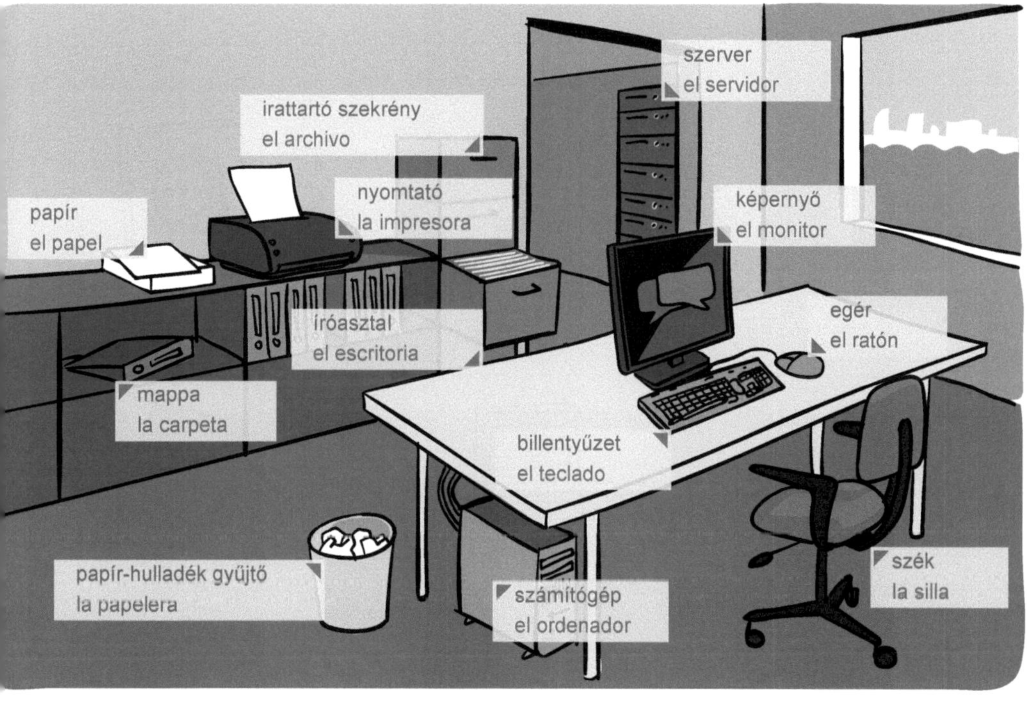

szerver
el servidor
irattartó szekrény
el archivo
papír
el papel
nyomtató
la impresora
képernyő
el monitor
egér
el ratón
íróasztal
el escritoria
mappa
la carpeta
billentyűzet
el teclado
papír-hulladék gyűjtő
la papelera
számítógép
el ordenador
szék
la silla

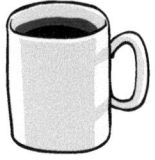

kávéscsésze

la taza de café

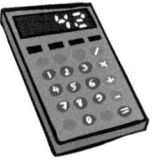

számológép

la calculadora

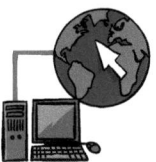

internet

el internet

laptop

el portátil

levél

la carta

üzenet

el mensaje

mobiltelefon

el móvil

hálózat

la red

fénymásoló

la fotocopiadora

szoftver

el software

telefon

el teléfono

konnektor

la toma de corriente

faxgép

el fax

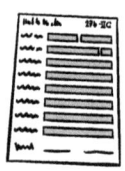

formanyomtatvány

el formulario

dokumentum

el documento

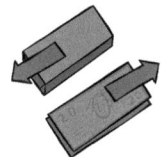

venni
comprar

fizetni
pagar

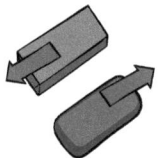

kereskedni
comerciar

pénz
el dinero

dollár
el dólar

euró
el euro

jen
el yen

rubel
el rublo

svájci frank
el franco suizo

kínai jüan
el renminbi yuan

rúpia
la rupia

bankautomata
el cajero automático

valutaváltó iroda

la oficina de cambio de divisas

arany

el oro

ezüst

la plata

olaj

el petróleo

energia

la energía

ár

el precio

szerződés

el contrato

adó

el impuesto

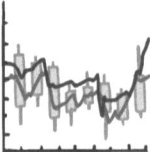

részvény

la acción

dolgozni

trabajar

munkavállaló

el empleador

munkaadó

el empleador

gyár

la fábrica

üzlet

la tienda de campaña

foglalkozások
los oficios

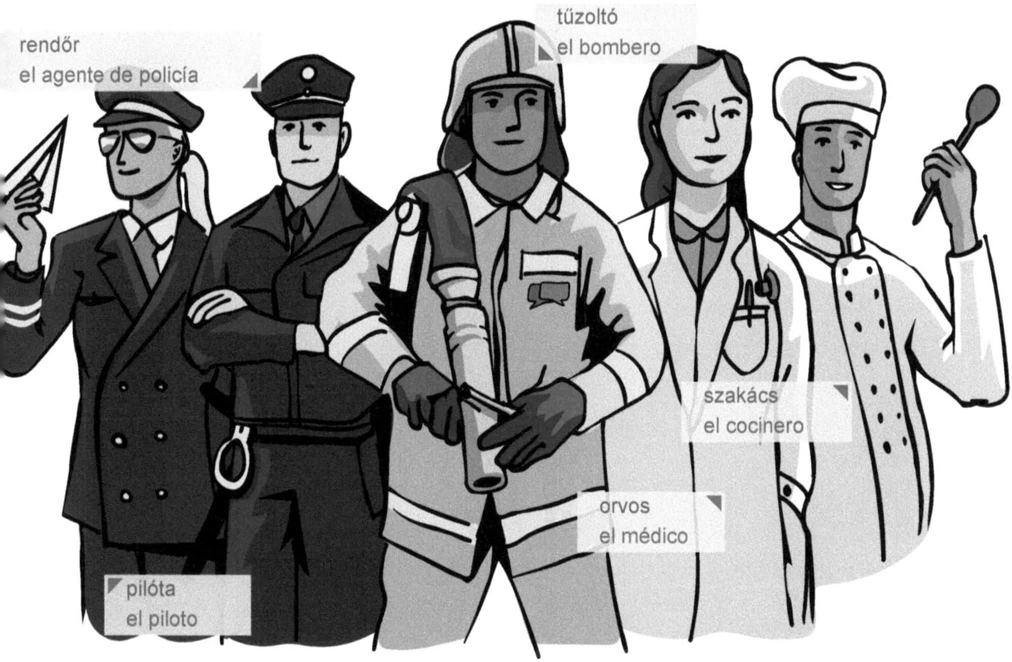

rendőr
el agente de policía
tűzoltó
el bombero
szakács
el cocinero
orvos
el médico
pilóta
el piloto

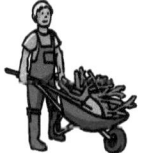

kertész

el jardinero

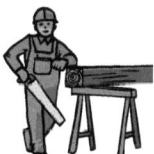

kárpitos

el carpintero

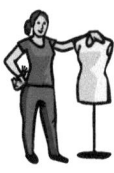

varrónő

la costurera

bíró

el juez

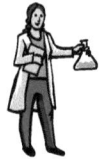

vegyész

el farmacéutico

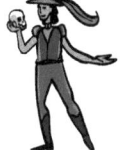

színész

el actor

buszsofőr

el conductor de autobús

taxisofőr

el taxista

halász

el pescador

bejárónő

la señora de la limpieza

tetőfedő

el techador

pincér

el camarero

vadász

el cazador

festő

el pintor

pék

el panadero

villanyszerelő

el electricista

építőmunkás

el obrero

mérnök

el ingeniero

hentes

el carnicero

vízvezeték-szerelő

el fontanero

postás

el cartero

foglalkozások - los oficios

katona
el soldado

építész
el arquitecto

eladó
el cajero

virágos
el florista

fodrász
el peluquero

kalauz
el revisor

műszerész
el mecánico

kapitány
el capitán

fogorvos
el dentista

tudós
el científico

rabbi
el rabino

imám
el imán

szerzetes
el monje

lelkész
el sacerdote

szerszámok
las herramientas

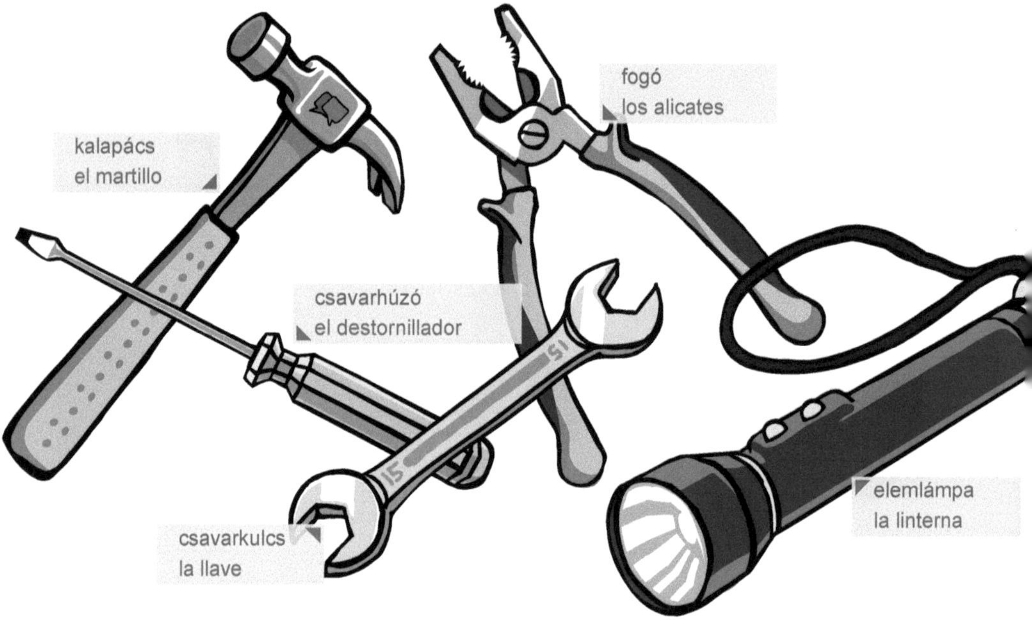
fogó
los alicates
kalapács
el martillo
csavarhúzó
el destornillador
elemlámpa
la linterna
csavarkulcs
la llave

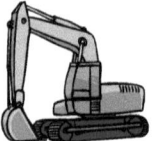

markológép

la excavadora

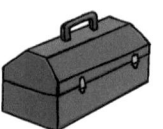

szerszámosláda

la caja de herramientas

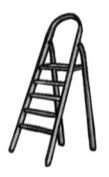

vödör

la escalera de mano

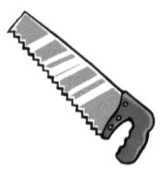

fűrész

la sierra

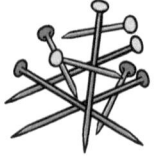

szög

los clavos

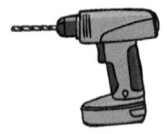

fúrógép

el taladro

megjavítani
reparar

lapát
la pala

A francba!
¡Maldita sea!

szemétlapát
el recogedor

festékesdoboz
el bote de pintura

csavar
los tornillos

hangszerek
los instrumentos musicales

dobfelszerelés
la batería

hangszóró
el altavoz

gitár
la guitarra

nagybőgő
el contrabajo

trombita
la trompeta

zongora

el piano

hegedű

el violín

basszusgitár

bajo

üstdob

los timbales

dobok

el tambor

digitális zongora

el teclado

szaxofon

el saxofón

fuvola

la flauta

mikrofon

el micrófono

állatkert
el zoo

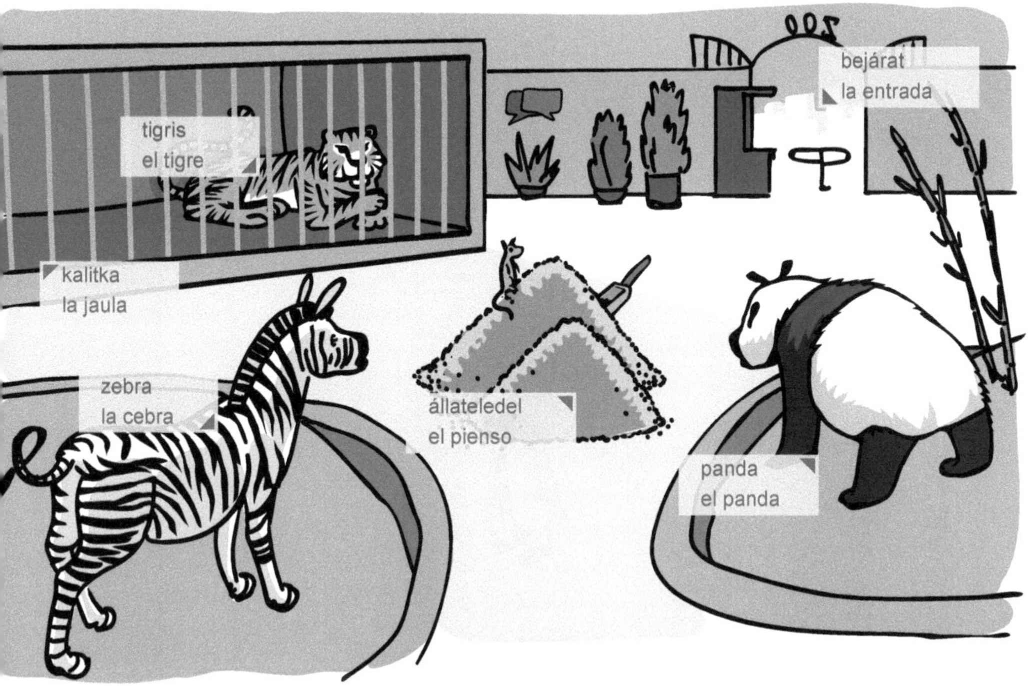
bejárat
la entrada
tigris
el tigre
kalitka
la jaula
zebra
la cebra
állateledel
el pienso
panda
el panda

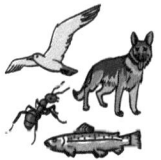

állatok

los animales

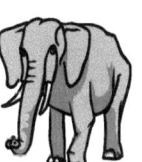

elefánt

el elefante

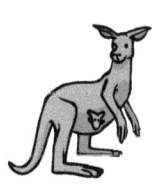

kenguru

el canguro

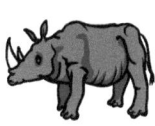

orrszarvú

el rinoceronte

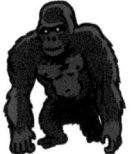

gorilla

el gorila

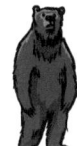

medve

el oso

teve
el camello

strucc
el avestruz

oroszlán
el león

majom
el mono

flamingó
el flamingo

papagáj
el loro

jegesmedve
el oso polar

pingvin
el pingüino

cápa
el tiburón

páva
el pavo real

kígyó
la serpiente

krokodil
el cocodrilo

állatgondozó
el guardián de zoológico

fóka
la foca

jaguár
el jaguar

póniló

el poni

leopárd

el leopardo

víziló

el hipopótamo

zsiráf

la jirafa

sas

el águila

vaddisznó

el jabalí

hal

el pescado

teknős

la tortuga

rozmár

la morsa

róka

el zorro

gazella

la gacela

sportok
los deportes

amerikai futball
el fútbol americano

kerékpározás
el ciclismo

tenisz
el tenis

kosárlabda
el baloncesto

úszás
la natación

boksz
el boxeo

jégkorong
el hockey sobre hielo

futball
el fútbol

tollas
el bádminton

atlétika
el atletismo

kézilabda
el balonmano

síelés
el esquí

lovaspóló
el polo

tevékenységek
las actividades

nevetni
reír
ugrani
saltar
ölelni
abrazar
sétálni
caminar
énekelni
cantar
álmodni
soñar
dicsérni
rezar
csókolni
besar

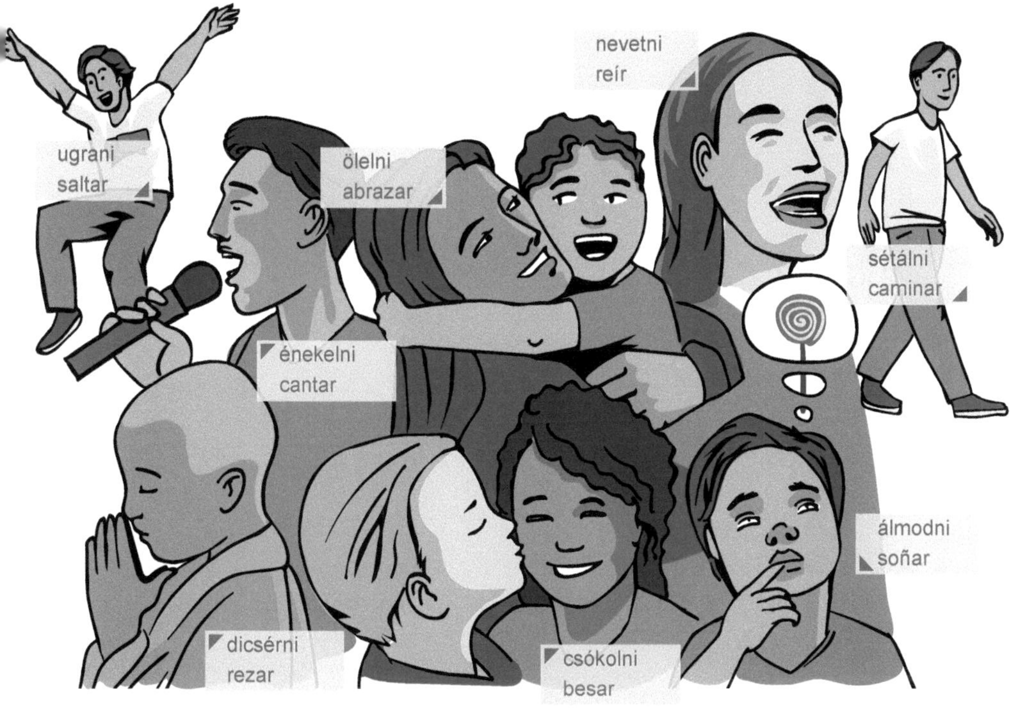

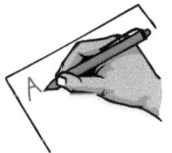

írni

escribir

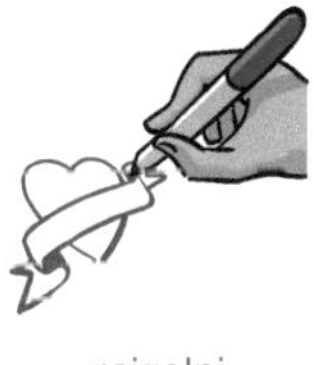

rajzolni

dibujar

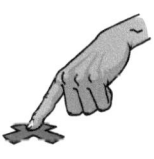

mutatni

mostrar

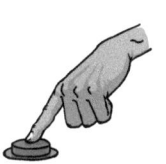

tolni

empujar

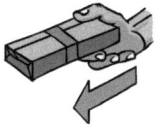

adni

dar

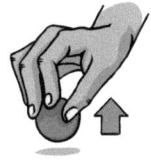

vinni

tomar

birtokolni

tener

csinálni

hacer

lenni

ser

állni

estar de pie

futni

correr

húzni

tirar

hajít

tirar

esni

caer

hazudni

yacer

várni

esperar

vinni

llevar

ülni

estar sentado

felvenni

vestirse

aludni

dormir

felébredni

despertar

ránézni

mirar

sírni

llorar

simogat

acariciar

fésülni

peinar

beszélni

hablar

megérteni

entender

kérdezni

preguntar

hallgatni

escuchar

inni

beber

enni

comer

takarítani

ordenar

szeretni

amar

főzni

cocinar

vezetni

conducir

szállni

volar

vitorlázni

navegar

számol

calcular

olvasni

leer

tanulni

aprender

dolgozni

trabajar

házasodni

casarse

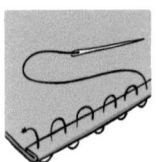

varrni

coser

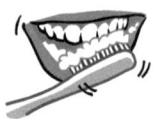

fogat mosni

cepillarse los dientes

ölni

matar

dohányozni

fumar

küldeni

enviar

nagymama
la abuela

nagypapa
el abuelo

apa
el padre

anya
la madre

kisbaba
el bebé

lány
la hija

fiú
el hijo

vendég
el invitado

nagynéni
la tía

nagybácsi
el tío

fiútestvér
el hermano

lánytestvér
la hermana

test

el cuerpo

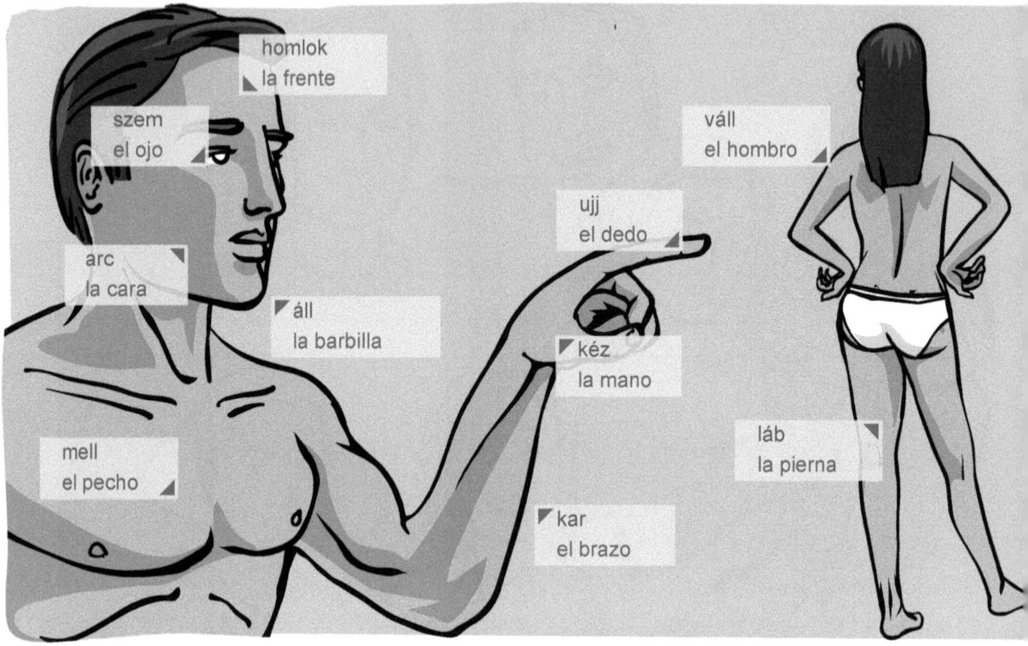
homlok
la frente
szem
el ojo
váll
el hombro
ujj
el dedo
arc
la cara
áll
la barbilla
kéz
la mano
láb
la pierna
mell
el pecho
kar
el brazo

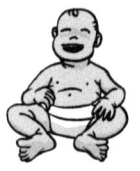

kisbaba

el bebé

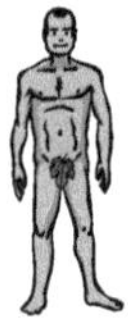

ember

el hombre

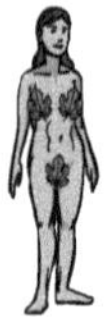

nő

la mujer

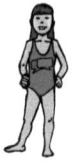

lány

la chica

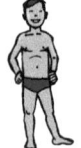

fiú

el chico

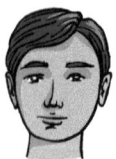

fej

la cabeza

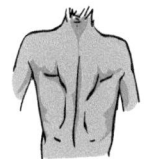

hát

la espalda

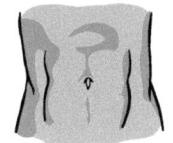

has

el vientre

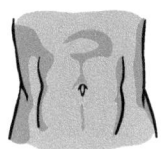

köldök

el ombligo

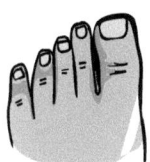

lábujj

el dedo del pie

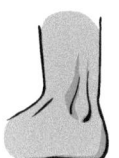

sarok

el talón

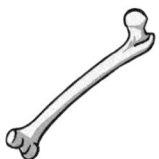

csont

el hueso

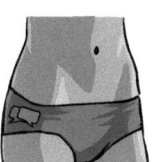

csípő

la cadera

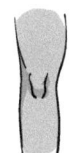

térd

la rodilla

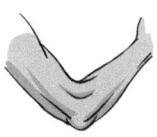

könyök

el codo

orr

la nariz

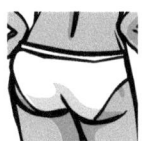

fenék

el trasero

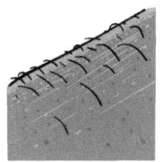

bőr

la piel

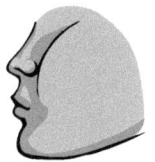

orca

la mejilla

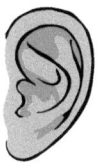

fül

el oído

ajak

el labio

száj

la boca

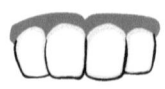

fog

el diente

nyelv

la lengua

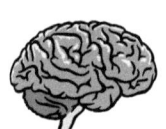

agy

el cerebro

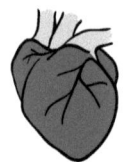

szív

el corazón

izom

el músculo

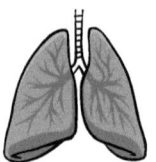

tüdő

el pulmón

máj

el hígado

gyomor

el estómago

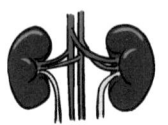

vese

los riñones

szex

el sexo

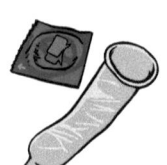

kondom

el condón

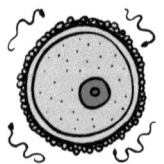

petesejt

el ovario

sperma

el semen

terhesség

el embarazo

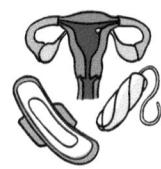

menstruáció

la menstruación

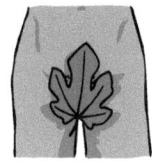

vagina

la vagina

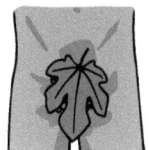

pénisz

el pene

szemöldök

la ceja

haj

el pelo

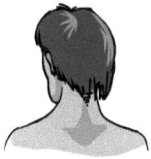

nyak

el cuello

kórház
el hospital

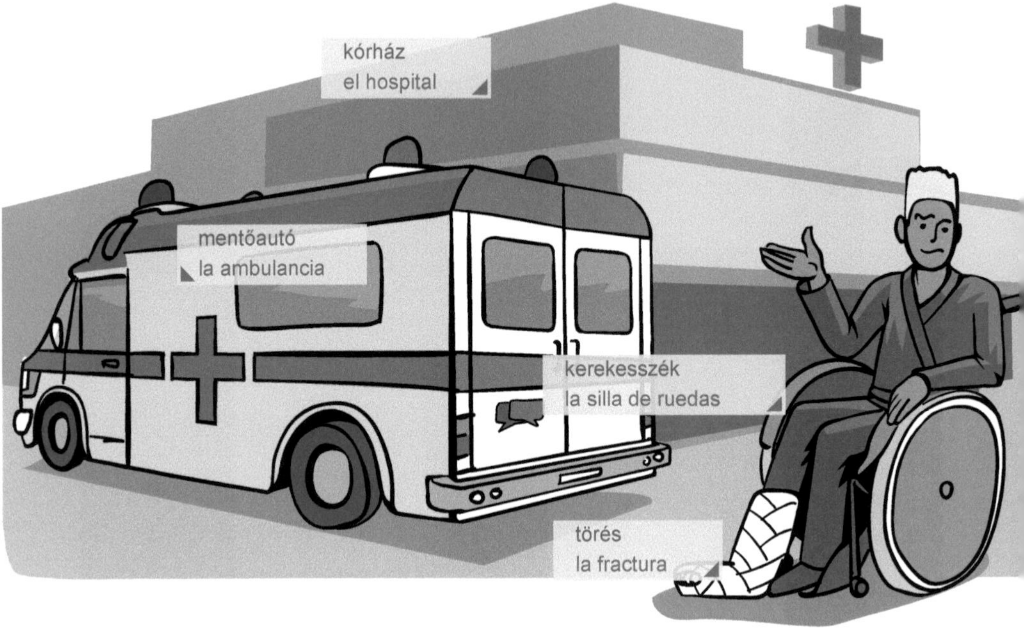

kórház
el hospital
mentőautó
la ambulancia
kerekesszék
la silla de ruedas
törés
la fractura

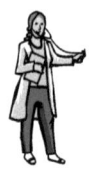

orvos

el médico

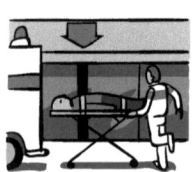

sürgősségi osztály

la sala de urgencias

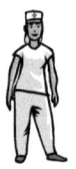

ápoló

la enfermera

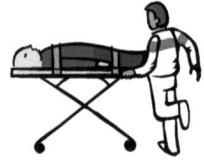

vészhelyzet

la urgencia

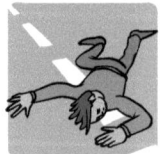

eszméletlen

inconsciente

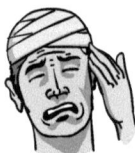

fájdalom

el dolor

sérülés

la lesión

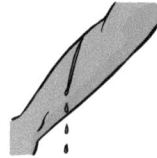

vérzés

la hemorragia

szívroham

el infarto

szélütés

el ictus

allergia

la alergia

köhögés

la tos

láz

la fiebre

influenza

la gripe

hasmenés

la diarrea

fejfájás

el dolor de cabeza

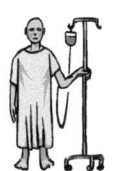

rák

el cáncer

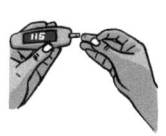

cukorbetegség

la diabetes

sebész

el cirujano

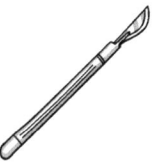

szike

el bisturí

műtét

la operación

CT
TAC

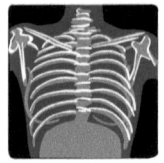

röntgen
los rayos x

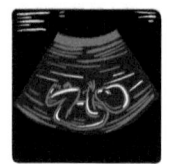

ultrahang
el ultrasonido

arcmaszk
la mascarilla

betegség
la enfermedad

váróterem
la sala de espera

mankó
la muleta

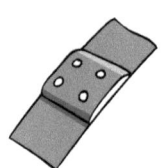

sebtapasz
la tirita

kötszer
la venda

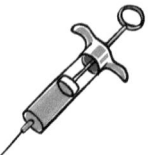

injekció
la inyección

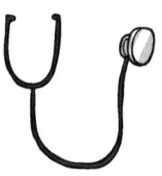

sztetoszkóp
el estetoscopio

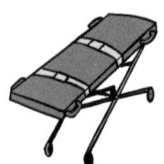

hordágy
la camilla

klinikai hőmérő
el termómetro

születés
el nacimiento

túlsúly
el sobrepeso

hallókészülék

el audífono

fertőtlenítőszer

el desinfectante

fertőzés

la infección

vírus

el virus

HIV/AIDS

VIH / SIDA

orvosság

la medicina

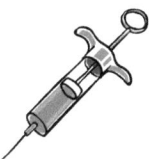

oltás

la vacunación

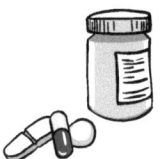

tabletták

las tabletas

tabletta

la pastilla

sürgősségi hívás

la llamada de urgencia

vérnyomásmérő

el tensiómetro

betegség / egészség

enfermo / sano

Segítség!

¡Socorro!

riasztás

la alarma

rajtaütés

el asalto

támadás

el ataque

veszély

el peligro

vészkijárat

la salida de emergencia

tűz!

¡Fuego!

tüzoltókészülék

el extintor de incendios

baleset

el accidente

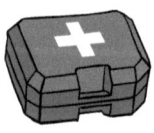

elsősegélycsomag

el botiquín de primeros auxilios

SOS

SOS

rendőrség

la policía

Európa

Europa

Észak-Amerika

Norteamérica

Dél-Amerika

Sudamérica

Afrika

África

Ázsia

Asia

Ausztrália

Australia

Atlanti-óceán

el atlántico

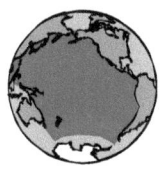

Csendes-óceán

el Pacífico

Indiai-óceán

el Océano Índico

Déli-óceán

el Océano Antártico

Jeges-tenger

el Océano Ártico

Északi-sark

el polo norte

Déli-sark

el polo sur

Antarktisz

La Antártida

föld

la tierra

szárazföld

la tierra

tenger

el mar

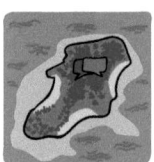

sziget

la isla

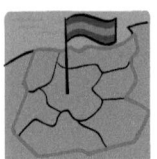

nemzet

la nación

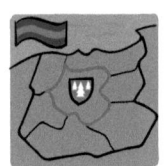

állam

el estado

számlap

la esfera

kismutató

la manecilla de las horas

nagymutató

el minutero

másodpercmutató

el segundero

Mennyi az idő?

¿Qué hora es?

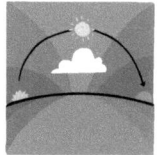

nap

el día

idő

el tiempo

most

ahora

digitális óra

el reloj digital

perc

el minuto

óra

la hora

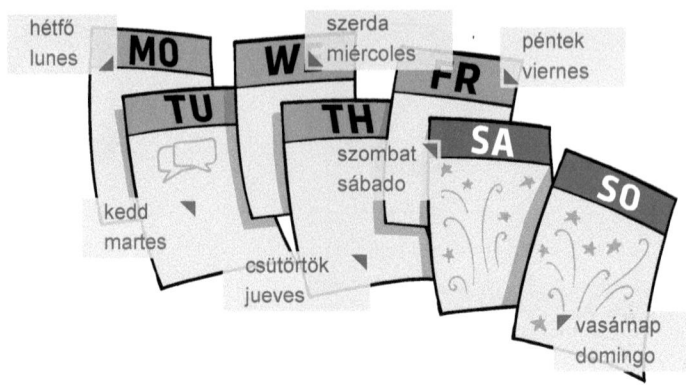

hétfő
lunes

szerda
miércoles

péntek
viernes

kedd
martes

szombat
sábado

csütörtök
jueves

vasárnap
domingo

tegnap

ayer

ma

hoy

holnap

mañana

reggel

la mañana

dél

el mediodía

este

la tarde

MO	TU	WE	TH	FR	SA	SU
1	2	3	4	5	6	7
8	9	10	11	12	13	14
15	16	17	18	19	20	21
22	23	24	25	26	27	28
29	30	31	1	2	3	4

hétköznap

los días laborables

MO	TU	WE	TH	FR	SA	SU
1	2	3	4	5	6	7
8	9	10	11	12	13	14
15	16	17	18	19	20	21
22	23	24	25	26	27	28
29	30	31	1	2	3	4

hétvége

el fin de semana

év

el año

eső
la lluvia
szivárvány
el arcoíris
hó
la nieve
szél
el viento
tavasz
la primavera
ősz
el otoño
nyár
el verano
tél
el invierno

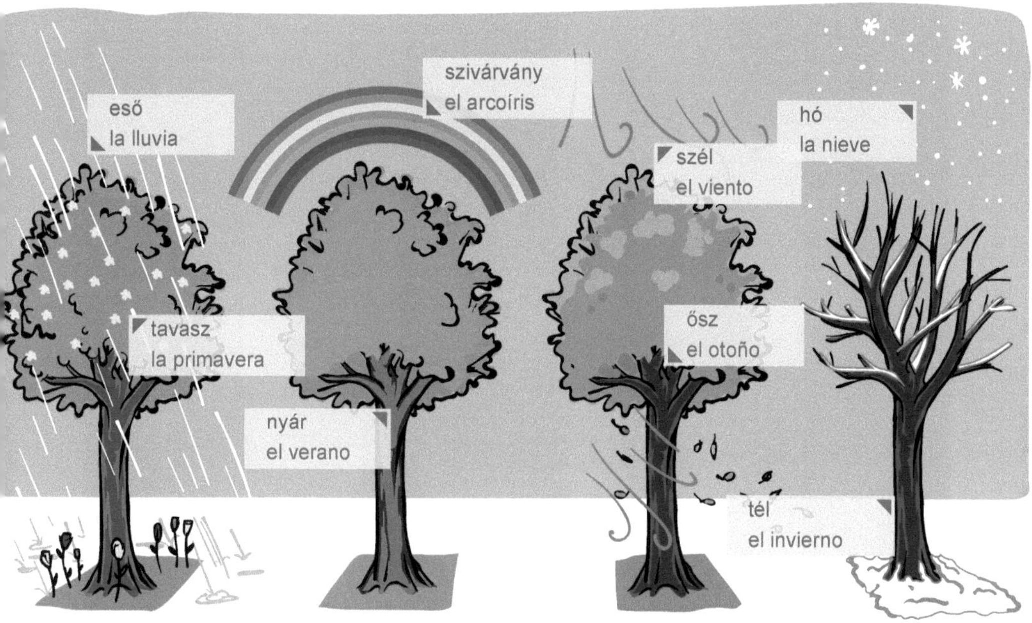

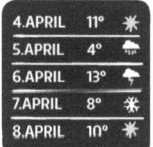

4.APRIL 11°
5.APRIL 4°
6.APRIL 13°
7.APRIL 8°
8.APRIL 10°

időjárás előrejelzés

el pronóstico del tiempo

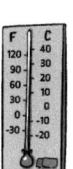

F C
120 90 60 30 0 -30
40 30 20 10 0 -10 -20

hőmérő

el termómetro

napsütés

el sol

felhő

la nube

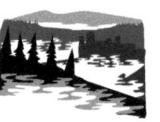

köd

la niebla

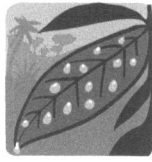

páratartalom

la humedad

villámlás

el rayo

mennydörgés

el trueno

vihar

la tormenta

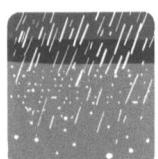

jégeső

el granizo

monszun

el monzón

áradás

la inundación

jég

el hielo

január

enero

február

febrero

március

marzo

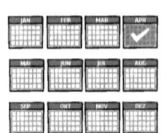

április

abril

május

mayo

június

junio

július

julio

augusztus

agosto

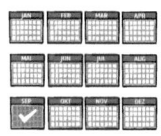

szeptember

septiembre

október

octubre

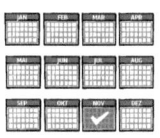

november

noviembre

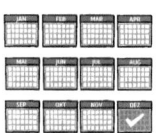

december

diciembre

alakzatok
las formas

kör

el círculo

négyzet

el cuadrado

téglalap

el rectángulo

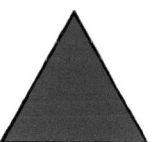

háromszög

el triángulo

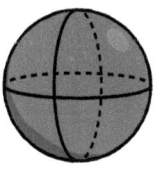

gömb

la esfera

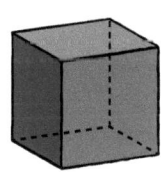

kocka

el cubo

fehér
blanco

sárga
amarillo

narancs
anaranjado

rózsaszín
rosa

piros
rojo

lila
morado

kék
azul

zöld
verde

barna
marrón

szürke
gris

fekete
negro

sok / kevés
mucho / poco

mérges / nyugodt
enojado / tranquilo

szép / csúnya
bonito / feo

kezdet / vég
principio / fin

nagy / kicsi
grande / pequeño

világos / sötét
claro / oscuro

fivér / nővér
el hermano / la hermana

tiszta / koszos
limpio / sucio

teljes / nem teljes
completo / incompleto

nappal / éjszaka
el día / la noche

halott / élő
muerto / vivo

széles / keskeny
ancho / estrecho

ehető / nem ehető

comestible / no comestible

gonosz / kedves

malo / amable

izgatott / unott

entusiasmado / aburrido

kövér / vékony

gordo / delgado

első / utolsó

primero / último

barát / ellenség

el amigo / el enemigo

teli / üres

lleno / vacío

kemény / puha

duro / blando

nehéz / könnyű

pesado / ligero

éhség / szomjúság

el hambre / la sed

betegség / egészség

enfermo / sano

illegális / legális

ilegal / legal

intelligens / buta

inteligente / tonto

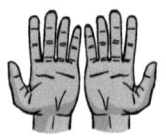

bal / jobb

izquierda / derecha

közel / távol

cerca / lejos

új / használt
nuevo / usado

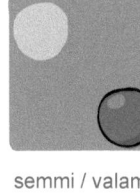

semmi / valami
nada / algo

idős / fiatal
viejo / joven

be / ki
encendido / apagado

nyitva / zárva
abierto / cerrado

csendes / hangos
silencioso / ruidoso

gazdag / szegény
rico / pobre

helyes / helytelen
correcto / incorrecto

érdes / sima
áspero / suave

szomorú / vidám
triste / contento

rövid / hosszú
corto / largo

lassú / gyors
lento / rápido

nedves / száraz
húmedo / seco

meleg / hideg
cálido / frío

háború / béke
guerra / paz

számok

0	**1**	**2**
nulla	egy	kettő
cero	uno	dos

3	**4**	**5**
három	négy	öt
tres	cuatro	cinco

6	**7**	**8**
hat	hét	nyolc
seis	siete	ocho

9	**10**	**11**
kilenc	tíz	tizenegy
nueve	diez	once

12

tizenkettő

doce

13

tizenhárom

trece

14

tizennégy

catorce

15

tizenöt

quince

16

tizenhat

dieciséis

17

tizenhét

diecisiete

18

tizennyolc

dieciocho

19

tizenkilenc

diecinueve

20

húsz

veinte

100

száz

cien

1.000

ezer

mil

1.000.000

millió

el millón

angol

el inglés

amerikai angol

el inglés americano

mandarin kínai

el chino madarín

hindi

el hindi

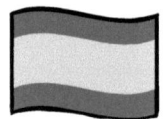

spanyol

el español

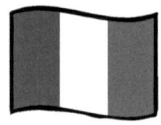

francia

el francés

arab

el árabe

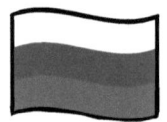

orosz

el ruso

portugál

el portugués

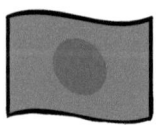

bengáli

el bengalí

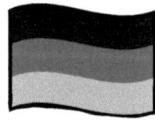

német

el alemán

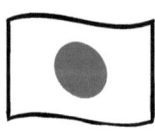

japán

el japonés

én
yo

te
tú

ö
él / ella / ello

mi
nosotros/as

ti
vosotros/as

ök
ellos/as

ki?
¿quién?

mi?
¿qué?

hogyan?
¿cómo?

hol?
¿dónde?

mikor?
¿cuándo?

név
el nombre

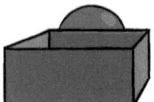

mögött

detrás

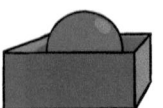

benne

en

előtte

delante de

felette

por encima de

rajta

sobre

alatta

debajo de

mellett

junto a

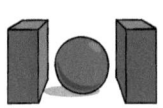

között

entre

hely

el lugar